Construyendo Amor

Construyendo Amor

EL ARTE DEL DIÁLOGO EN LA PAREJA

DRA. SILMA QUIÑONES

PRIMIX
PUBLISHING
THE WRITE CHOICE

Primix Publishing
485c US Highway 1 South
Suite 100
Iselin, NJ 08830
www.primixpublishing.com
Phone: 1-800-538-5788

Published by Primix Publishing: 09/04/2024

ISBN: 979-8-89194-230-1(sc)
ISBN: 979-8-89194-231-8(e)

Library of Congress Control Number: 2024911948

Contents

Introducción

Todo comienza con la atracción inicial, el flechazo de Cupido. Dos individuos se encuentran y nace el amor. El amor es esa chispa o atracción que no se experimenta con cualquier persona ni con frecuencia. La atracción física los impulsa a compartir y a desear estar juntos, y así, también nace el amor. Es decir, creemos que la atracción y el sentimiento que surge por la persona es AMOR. "Si hay amor, seremos felices".

También concebimos el amor como algo mágico, producto del destino y la fortuna. La suerte de encontrar a la persona predestinada para ti; perfecta para ti, tu "alma gemela". Por lo tanto, el momento en que esa persona entra en tu vida es "mágico". Es la persona que por amor nos hará felices. Típicamente, el amor se define como algo poderoso que todo lo sabe, que todo lo puede, que todo perdona. El amor es el elemento que permitirá que la relación aporte salud, prosperidad, felicidad el resto de nuestras vidas. Si esa es nuestra definición, por supuesto que el amor es poderoso. Es como el agua que fluye de manera natural y sin esfuerzos; esencial para vivir y del cual disfrutamos. El amor es poderoso y mágico, especialmente al inicio de la relación.

Quiero compartir contigo ideas que quizás sean muy diferentes a las que has tenido sobre el amor. Las investigaciones y estudios sobre lo que experimentamos cuando hay amor han identificado y aclarado muchos elementos que desconocíamos sobre la experiencia de amar. En la etapa inicial de la relación, la atracción provoca el deseo de la cercanía física que genera querer estar con la persona todo el tiempo. Esa intensidad de la atracción inicial la provoca, en gran medida, ciertas hormonas. La oxitocina es una de las principales que se liberan en el cerebro cuando estamos en presencia de alguien que nos atrae. La cantidad de oxitocina en el cerebro fluctúa de diferentes maneras. Cuando damos o recibimos un abrazo, cuando cantamos en grupo, como en las iglesias, cuando bailamos junto a un grupo de personas, en los conciertos, cuando nos besamos y cuando tenemos relaciones sexuales. Esta hormona produce mucho placer y eso nos lleva a querer estar cada vez más con la persona.

Al compartir, se descorre el velo. Comienzas a conocer a la persona que te atrae. Cabe destacar que podrías pasar mucho tiempo en el mismo espacio con alguien, disfrutar de su compañía, pero no necesariamente conocerla. En tales casos, disfrutas del momento presente. Por ejemplo, las risas que sus chistes provocan pueden hacer que lo pases bien, pero eso no significa que sientas amor. A medida que te acercas, compartes y conoces más a la persona, el amor puede surgir. Con el tiempo, la oxitocina puede disminuir, quizás porque ya están compartiendo y juntos. Sin embargo, el encanto no desaparece si sientes admiración, respeto, confianza y alegría al compartir con la persona. Disfrutas de su presencia, sientes atracción y empiezas a sentir amor. Pero si no conoces a la persona, no hay amor, solo hay ilusión y atracción. Puedes reconocer lo que sientes cuando estás con la persona, pero si no la conoces, lo que experimentas es una atracción física combinada con ilusión.

Permíteme explicarte. La ilusión es producto de la mente. Tenemos en nuestras mentes creencias sobre lo que es el amor, la persona ideal y la relación perfecta. Estas creencias las adquirimos y elaboramos desde muy temprana edad. Son ideas y definiciones que utilizamos para interpretar nuestras experiencias. Si nuestras creencias se corroboran con las experiencias vividas, las mantenemos. Si no, podemos cambiarlas. Si, por el contrario, no queremos cambiarlas, entonces elegimos aceptar de nuestras experiencias solo lo que valida y es congruente con nuestras creencias. Es decir, si lo que vivo y percibo es distinto a mis creencias, nuestro cerebro es capaz de ignorarlo y no verlo.

Lo que nos creemos e imaginamos sin evidencias o diferente a lo que otros ven es una ilusión. Algunas personas prefieren mantener la ilusión, mientras que otras deciden cambiarlas para prevenir o manejar los sufrimientos que pueden surgir al no protegernos. Por ejemplo, puedes decidir no encender la luz en tu casa para no ver el desorden, pero en la oscuridad te arriesgas a tropezar y sufrir golpes.

La ilusión es algo poderoso, pero no es real. Al interactuar con la persona, comenzamos a descubrir quién es realmente. Sus comportamientos, pensamientos y sentimientos son elementos que observamos y que nos llevan a confirmar nuestra impresión de la persona o a decepcionarnos. Descubrimos aspectos positivos y otros que no nos agradan de la persona. Si el balance es más positivo que negativo, continuamos queriendo interactuar y estar juntos, y así se va construyendo el amor. Sin embargo, cuando lo que descubrimos no es agradable o aceptable, el deseo de estar juntos disminuye. Es un dilema complicado. Si no conozco a la persona, es solo ilusión y atracción, lo cual es muy placentero, pero si voy conociendo realmente a la persona, puedo ir perdiendo la ilusión y ya no disfrutarlo de la misma manera. Hay personas que, en su afán por mantener la sensación que asocian con el amor, se niegan a "abrir los ojos" y evaluar a la persona de manera honesta. Por ejemplo, solo interactúan con personas que les dicen cosas bonitas sobre la persona y reafirman su elección o atracción.

Además, si ven algo que no les agrada, lo justifican o lo minimizan. Por ejemplo: "Es que ella estaba muy cansada. Solo es así en muy pocas ocasiones", etc. Algunos tienen una idea de quién es la persona muy distinta a la realidad. Eso es más ilusión que amor.

Quien ha estado o está en una relación de pareja formal, o quien ha convivido con "el amor de su vida", descubre que la relación de pareja no es lo que imaginaba. Descubren que la relación de pareja es una de las relaciones más trabajosas que podrías tener, más que las del ámbito laboral, más que la amistad. La vida cotidiana tiene alegrías, frustraciones, decepciones y retos para todos. En ese compartir los retos se convierten en logros y las pérdidas nos llevan a valorar a la persona con la que cuento, la persona en quien confío. Se convierte la persona en alguien con quien comparto mi vida y con quien prefiero estar. Todo eso tiene como base el amor. El amor une y es el pegamento ante los retos y, a su vez, los retos profundizan el amor y la unión. Para entender la realidad que vivimos, la comunicación es esencial. Si no es una comunicación efectiva, nos quedamos en el mundo de nuestras creencias e interpretaciones de quién es nuestra pareja. La clave para lograr ese amor que nos une es la comunicación. Es la comunicación con la pareja la que en gran medida construye ese amor.

La comunicación en una relación de pareja, incluso cuando el amor es abundante, no es un asunto sencillo. El compromiso y la intimidad que existen en la pareja otorgan a la comunicación una carga emocional única. Las palabras adquieren un matiz especial entre dos personas en una relación amorosa. No es tanto lo que se dice, sino cómo, cuándo y quién lo dice. Los malentendidos surgen y la experiencia que tenemos de la comunicación, adquirida en la familia, amigos y compañeros de trabajo a menudo no es suficiente para establecer un diálogo efectivo dentro de una relación. Lo que se habla claramente y sin conflictos con un amigo, no siempre se comunica de la misma manera a la pareja.

En encuestas realizadas a miles de parejas al borde del divorcio, una de las quejas principales es la falta de comunicación. Perciben la ausencia de diálogos importantes como señal de que la relación no funciona, que no hay interés en resolver los conflictos y problemas, que no se respeta la aportación de cada uno y, peor aún, que no hay amor. Muchos señalan que no es lo que se dice, sino el tono en que se dice, el momento preciso, las miradas, los gestos, el silencio. Muy diferente a lo que se vive en la etapa de enamoramiento, una vez que la relación se establece y llega la convivencia, la conversación en vez de unir, a menudo provoca distanciamiento. Es muy trabajoso aclarar los malentendidos, negociar las diferencias, ser honesto, hablar sobre nuestros disgustos, decepciones y vulnerabilidades. En esos primeros años de la relación surge con frecuencia la duda. Nos cuestionamos si nos equivocamos. Surge la fantasía de la separación como una liberación.

Aunque requiere mucho esfuerzo y las tasas de divorcio hacen pensar lo contrario, la relación de pareja vale la pena. Es en los tiempos duros y grandes retos que la pareja profundiza y va construyendo el amor. El esfuerzo que conlleva construir el amor en la relación de pareja trae recompensas extraordinarias. Por ejemplo, las investigaciones ya han calculado que para el hombre la relación de pareja le añade alrededor de 8 años de vida. La relación de pareja aporta grandemente al bienestar y la salud física y económica de las personas.

Como psicóloga, gran parte de mi labor ha sido trabajar con parejas y tratar asuntos relacionados con ellas. Muchas personas, ya en procesos de separación o considerando la separación como alternativa al malestar y la profunda sensación de incompatibilidad, han intentado mejorar la comunicación sin éxito. La sugerencia de incrementar la comunicación entre ambos, no la logran. Muchos, cuando dialogan, no consiguen concluir la conversación sin experimentar ira y mucha frustración. Las mujeres se quejan de que los hombres no las escuchan. Ellos se quejan de que las mujeres hablan demasiado y ellas no comprenden cuando ellos necesitan detener la conversación para no perder el control de sus emociones. Al explorar los conflictos, experimentan confusión, resentimiento y mucha desilusión. No comprenden la contradicción entre profesar amor y no poder conversar y entenderse.

Las investigaciones recientes sobre la comunicación en la pareja han enfatizado la comunicación como un elemento clave en el bienestar y en la duración de la relación. Algunos científicos han podido predecir con precisión, basándose en elementos de la comunicación de la pareja, cuántos años durará la relación. En mi experiencia con parejas, incluso las que no contemplaban la separación, sino que enfrentaban grandes retos, el asunto de la comunicación era primordial. Más que nada, aprender sobre los elementos claves de una comunicación efectiva, las diferencias en estilos y habilidades, las bases neurológicas de dichas diferencias, compartir ejemplos sencillos de cómo abordar y verbalizar lo que se vive y siente, facilitan que el amor no se lastime y que los retos cotidianos se superen con éxito, que construyan y profundicen el amor.

He simplificado y traducido lo que la ciencia nos explica y lo que en mi experiencia como psicóloga descubrí y pude comprobar como elementos importantes para lograr que la comunicación se desarrolle y sirva para fortalecer la relación y no para dividir y llevar a la separación y distanciamiento emocional. Te animo a que explores con curiosidad y humildad la información que te comparto, que te ayudará a dialogar con tu pareja de manera efectiva y construyendo el amor.

No somos iguales

En promedio, una mujer pronuncia alrededor de 20,000 palabras al día y un hombre 10,000. Las mujeres suelen enriquecer las conversaciones con detalles y explicaciones, mientras que los hombres son más concisos. Las mujeres hablan para compartir sus experiencias, mientras que los hombres hablan para aprender o resolver situaciones. Si no tienen una respuesta o solución, pueden evitar hablar del tema. Las mujeres pueden hablar mientras lloran, algo que a los hombres les resulta muy difícil. Cuando un hombre está muy enfadado, su diálogo se limita y puede repetir frases, sin sentido, con convicción. Cuando las mujeres hablan desde la ira, organizan sus pensamientos como un abogado en un tribunal.

Es posible que no te identifiques con estos patrones y, por ejemplo, hables más o menos. Pero en una relación de pareja, típicamente uno de los dos habla mucho más que el otro. Podrías ser la persona que prefiere el silencio o la que pierde el control y hiere a su pareja cuando está enfadada, para luego arrepentirse. Aunque puede haber patrones invertidos y no todos se ajustan exactamente a estos patrones, mi experiencia con parejas ha demostrado que las diferencias en los estilos de comunicación son muy comunes y representan un gran desafío para entender a la pareja.

Anteriormente, pensábamos que las diferencias en los estilos y habilidades de comunicación se debían a la crianza y la educación. También creíamos que algunas personas nacen con el don de la palabra y tienen un talento especial para expresarse y hacerse entender en momentos difíciles. Cuando he tenido la oportunidad de hablar con grandes grupos de parejas sobre este tema, ha surgido espontáneamente la teoría de los hombres de que su pareja experimenta una especie de locura especial que ellos descubren al unirse, y las mujeres piensan que sus parejas son muy inteligentes para algunas cosas, pero muy limitadas intelectualmente para otras. Ambos aprenden a tolerar las diferencias o se convencen de que el problema es su pareja actual y que, si la cambian por otra, tendrán una experiencia diferente. Ciertamente, en la etapa de enamoramiento se habla mucho, a veces durante horas interminables, pero con el tiempo el silencio y la brevedad se imponen. Esto se debe a razones neurológicas, no a la falta de amor.

Ambos miembros de la pareja pueden entender claramente sus propios puntos de vista, pero a menudo luchan por hacer que su pareja piense o reaccione de la manera que ellos consideran lógica si existe amor, inteligencia, cordura y compromiso. La avanzada tecnología científica, como la resonancia magnética funcional (FMRI), y las investigaciones orientadas a entender las diferencias biológicas de género, nos han proporcionado una mayor comprensión de estas quejas comunes de las parejas en cuanto a la comunicación.

Permíteme explicarte, la ciencia ha cartografiado las áreas del cerebro humano en términos de sus funciones e interacciones asociadas con comportamientos, emociones y pensamientos. En particular, el cerebro se divide en dos mitades (hemisferios) que están conectados por un "puente" (el cuerpo calloso) que facilita la comunicación entre ambas partes. En el hemisferio izquierdo, se procesa el lenguaje escrito y hablado, y en el hemisferio derecho, el ritmo, la emoción y el arte, que también son parte de la comunicación. Cuando hablamos y nos comunicamos, ambos hemisferios o lados del cerebro están activados. Sin embargo, las principales hormonas que distinguen a los hombres de las mujeres determinan en gran medida el equilibrio entre los dos lados al comunicarse.

La hormona testosterona define el sexo biológico masculino del bebé en el tercer mes de embarazo. La intensidad o cantidad de testosterona que llega al cerebro no es fija ni igual para todos. Algunos tienen más y otros menos. Las razones para ello son complejas y difíciles de explicar de forma sencilla, pero es importante entender que algunos cerebros masculinos pueden ser menos masculinos que otros. Cabe destacar, esta diferencia no determina la orientación sexual del hombre o la mujer, pero sí influye en gran medida en los estilos y formas de comunicarse. En este proceso, la testosterona inunda el cerebro del feto y provoca varios cambios significativos. En particular, interrumpe el proceso de desarrollo del puente (cuerpo calloso) entre los dos hemisferios, de tal manera que el de los varones tiene alrededor de un 40% menos de conexiones que el de las mujeres. Más interesante aún es el hallazgo de que también hay una hormona MIA que va cambiando los elementos femeninos del feto cuando es varón. Es decir, no solo se detienen algunos procesos ante la testosterona, sino que también hay una hormona que provoca que ya no comparta algunos elementos con la bebé femenina. Esta diferencia está asociada a la forma en que hablan, escuchan y reaccionan a la comunicación en palabras y gestos.

Estas áreas se definen y desarrollan durante los primeros meses del embarazo, y luego, en los primeros años de la infancia, pueden experimentar ciertas modificaciones. Por ejemplo, los niños suelen tardar más en pronunciar sus primeras palabras. Así, las niñas suelen decir "mamá" y "papá" alrededor del primer año, mientras que los niños lo hacen un año o más tarde. Cuando los niños hablan, se activa principalmente el hemisferio izquierdo del cerebro, mientras que cuando las niñas hablan, se activan ambos hemisferios. En la adultez, esta diferencia es más pronunciada y, en una relación de pareja, estas diferencias a menudo causan una gran parte de las dificultades para entenderse y llegar a un acuerdo.

Por ejemplo, el cerebro femenino experimenta mucho placer al conversar. Cuando una mujer habla, se libera la hormona oxitocina, que produce placer. Cuando el hombre habla en su celebro se libera una cantidad mucho menor de oxitocina. Por lo tanto, los hombres no disfrutan de la conversación en el mismo grado que las mujeres. Las mujeres no solo disfrutan de la conversación, sino que es a través de ella que buscan cercanía, sentirse amadas y comprendidas. Desde la adolescencia, esta necesidad de hablar es muy evidente y las conversaciones entre amigas pueden ser interminables.

Los hombres, no obstante, no se comunican de la misma forma. Suelen hablar mucho más cuando están en la fase de cortejo con su pareja. Esas largas conversaciones suelen darse al inicio y con el propósito de conquistar. Una vez que logran enamorar a la persona, la frecuencia de las conversaciones tiende a disminuir. Para ellos, hablar es una forma de abordar y resolver problemas. Para ellos, el contacto físico es el medio para establecer cercanía y expresar aprecio o captar la atención. Entonces, cuando una mujer le habla a un hombre, él interpreta que hay un problema que resolver. No presta atención a la emoción de su pareja y mientras ella intenta explicarle su situación emocional, él trata de identificar cuál es el problema. "Ve al grano. ¿Quieres decirme cuál es el problema que tengo que resolver?"

La mujer tiende a hablar para que él comprenda cómo ella vive la situación y la emoción que le provoca. Al hablarle, ella no pretende que él resuelva un problema. Así que cuando él cree entender cuál es el problema y comienza a darle instrucciones para resolverlo, ella se siente resentida. "No necesito que me digas lo que tengo que hacer, solo quiero que me escuches".

Para el hombre, esto no tiene sentido. Escuchar sin hablar de soluciones no le parece lógico. Se impacienta y se incomoda, y ella interpreta su incomodidad como falta de interés o amor, no como frustración. Él no entiende por qué ella no acaba de decirle cuál es el problema. ¿Será que ella no confía en su habilidad para resolver situaciones?

Por otro lado, si hablas y hablas y nunca llegas a definir lo que hay que resolver, entonces él piensa que eres muy emocional, habladora e intensa y esto significa que emocional y mentalmente estás desequilibrada. Interpretan tanto hablar como producto de inestabilidad emocional.

Cuando los hombres tienen problemas, no los hablan, se retiran físicamente o, más frecuentemente, guardan silencio. Si le preguntas qué le pasa, responde, "nada". Si insistes en que te cuente qué le pasa, te dice, "Estoy pensando". ¿En qué? "No quiero hablar de eso ahora". En ese momento su pensar no es rechazo, su silencio no es porque no te ama, es que está pensando en cómo resolver su problema. No comparte la preocupación porque no quiere que tú sufras o te preocupes. No quiere sugerencias porque entiende que le corresponde a él resolverlo. Preguntar o pedir consejo es aceptar que es incapaz. Su cerebro no busca la solidaridad y la empatía como el de la mujer, su cerebro está programado para sobrevivir a su manera.

Otra diferencia significativa que afecta la comunicación en pareja es la programación competitiva del cerebro masculino o el cerebro femenino con un alto grado de testosterona. A menudo, las mujeres se quejan de que los hombres "siempre quieren ganar e imponerse, quieren tener la razón y que se haga lo que él dicta". En comparación, la mujer puede ser más solidaria y dispuesta a compartir el proceso de creación, resolución de problemas. Sin embargo, si el hombre percibe que la mujer entiende y quiere imponer su idea o solución a algún problema o situación, tenderá a no opinar y a no involucrarse a menos que ella se declare incapaz. Si ella le solicita su opinión después de explicarle en detalle lo que piensa hacer, su respuesta típicamente es, "Parece que ya sabes lo que quieres y cómo lo vas a lograr. ¿Qué puedo agregar yo?"

Si él está de acuerdo contigo y con lo que le cuentas, puede que no reaccione como tú esperas. Para el hombre, si tú ya has dicho todo o él está de acuerdo contigo, no va a repetir lo mismo. Su silencio significa que, como está de acuerdo contigo, no hay nada más que decir. Las mujeres, sin embargo, pueden repetir lo mismo que el hombre ha dicho porque es su turno para hablar y ella se expresa para que se registre su opinión.

La competencia masculina va dirigida a lograr que él sea el vencedor, el primero en descubrir la solución sin la ayuda de otros y el que tiene el control. Si insistes en que te consulte, él lo interpreta como desconfianza en su capacidad y lo resiente. Se agita cuando lo presionas a hablar y su reacción inicial de silencio pasa a ser una de alejarse físicamente para que no le preguntes. "No quiero hablar de eso ahora", es una señal de que necesita espacio para pensar. Si insistes en hablar, ese espacio se convierte en un silencio mayor y un espacio físico más grande. Algunas personas lo han descrito como el momento en que el hombre se encierra en su cueva. Igualmente, una mujer cuyo cerebro ha sido marcado por la testosterona, prefiere no hablar de sus problemas, preocupaciones o situaciones en el trabajo.

Otra gran razón por la que él puede no hablar tanto como tú quisieras es debido a cómo su cerebro procesa las emociones. Por ejemplo, las mujeres cuando están enfadadas se permiten hablar sobre lo que les provoca ese enfado. Esto puede incluir situaciones actuales y todas las otras veces que sintieron enfado y se callaron para no herir o hacer sentir mal a la persona que aman. Pero, ante la frustración y el malestar por situaciones o conflictos no resueltos que se repiten, se atreven a narrar la historia completa desde la primera vez hasta el presente. A veces, la historia puede remontarse a muchos años atrás. Lo discuten con gran detalle y comparten su teoría de por qué él hace lo que hace. "No me entiendes, no me amas, quieres molestarme. Lo haces a propósito. No es un error casual, ya que sigues haciéndolo". Ella es capaz de mantenerse enfocada y anunciar su teoría. En esos momentos su teoría es irrefutable.

Cuando un hombre experimenta emociones, su experiencia no es la misma. Su cerebro tiende a separar la emoción de su intelecto. Para pensar y hablar con claridad, no se conecta con la emoción. Se enfoca en el problema, la situación y la solución. Si se permite experimentar la emoción y conectarse con la ira o la tristeza, por ejemplo, no puede hablar de manera fluida y coherente. Desde la ira o el miedo, es muy parco, se expresa en frases cortas. No elabora sus ideas, si está muy enojado, repite las mismas frases. "Esto está arruinado". Si la ira y la frustración persisten, entonces comienza a hablar de ti y cómo lo enfureces, y comienza a usar apodos. "Me sacas de quicio, me provocas. Eres una..." Dice cosas muy feas desde su ira, no desde su intelecto. Es por eso por lo que cuando su ira se disipa, niega lo que dijo e insiste en que lo dijo desde la ira; que no piensa esas cosas de ti. Cuando se queda sin palabras, entonces tira objetos y luego se vuelve físicamente agresivo.

Si la emoción es tristeza o dolor, vive el proceso de una manera muy similar. Su rostro demuestra la emoción, pero no lo verbaliza. No llora como las mujeres que pueden llorar y hablar al mismo tiempo. Llorar lo experimentan como un descontrol, no un alivio. Así que cuando anticipa el llanto, deja de hablar, como una forma de recuperar el control de sí mismo. He visto a hombres hacer silencio, cerrar los puños, tensar su rostro para recuperar el control y luego hablar. Si se les escapa una lágrima, no la reconocen, no le prestan atención.

Si no logran controlarse, entonces lloran como un bebé y parecen niños angustiados y desamparados. Se mueven desde el silencio a la emoción, sin control, de un extremo al otro.

Los hombres hablan más con otros hombres. Experimentan el mismo proceso y no provocan la emoción. Su conversación es sobre autos, mecánica, política, deportes y finanzas. Hablan de sus opiniones, qué está sucediendo, cuál es el problema y cómo se resuelve. Rara vez preguntan. Expresan su opinión y compiten sobre quién sabe más y logra más. No son empáticos en su conversación. No preguntan, "¿Y cómo te sientes, ¿qué hiciste? Yo lo hago así." Si su cerebro recibió más testosterona que el de su amigo, le da instrucciones: "No, amigo, esto es lo que tienes que hacer". Se dan palmadas en la espalda, un apretón de manos y ya está.

Es crucial entender que la cohesión de la pareja dependerá en gran medida de la comunicación que logren establecer y mantener. El silencio, por ejemplo, crea una distancia que puede contribuir al deterioro de la relación. Aunque pueda parecer contradictorio, reprimir la ira puede ser más perjudicial que expresarla. Lo importante es aprender a manifestar la ira de una manera constructiva.

Una pareja está compuesta por dos individuos con

diferencias en sus intereses, actitudes, necesidades y habilidades, por lo que inevitablemente surgirán tensiones. Habrá dificultades y la necesidad de hablar sobre asuntos difíciles. La disposición de cada persona para hablar sobre temas controversiales dependerá en gran medida de sus experiencias pasadas, ya que los estilos de comunicación reflejan el ambiente en el que la persona se desarrolló. Si una persona crece en un hogar donde se penaliza la expresión de opiniones, y otra se desarrolla en un ambiente donde se expresa todo sentimiento o idea, la primera será muy reservada, mientras que la segunda será muy comunicativa.

A medida que se desarrolla la comunicación, la confianza entre la pareja aumentará. Es decir, las personas se sentirán cada vez más cómodas siendo honestas y mostrándose tal como son. Tomemos el ejemplo de una pareja recién casada que acostumbra a bañarse por separado y con la puerta del baño cerrada. Ambas personas se ocultan porque desconocen cómo su pareja reaccionará a su manera particular de bañarse. Con el tiempo, descubren lo cómodas e íntimas que se sienten bañándose juntas.

En numerosas ocasiones, las personas se reprimen por temor al rechazo y a las reacciones adversas de su pareja. Sclo cuando uno de los individuos se atreve, ambos descubren que los miedos eran infundados y alcanzan un mayor nivel de confianza.

El grado de intimidad y confianza no solo afecta las actividades que se comparten, sino también la comunicación y el diálogo que la pareja logra sostener. Por ende, es de suma importancia que la pareja se atreva a discutir temas difíciles y polémicos, ya que de esta forma se incrementa su nivel de confianza y unión. Cuanto más se comuniquen, más unidos estarán y más positiva será la convivencia.

¿Cómo tener asertividad en la relación?

Cuando las mujeres se permiten hablar sobre lo que está mal, lo que no está bien, en lugar de hablar de la situación, con frecuencia, hablan de las personas. El hombre tiende a tomar de manera personal cuando se habla de problemas. El mensaje indirecto es, tú eres el problema, no la situación. No hacen preguntas dirigidas a entender mejor lo que está sucediendo y desde el punto de vista de su pareja, ya han emitido un juicio y entran en la modalidad de acusar y dictar sentencia. Él no entiende por qué ella tiene tanto coraje, si solo llegó unos minutos tarde, no es para tanto.

La asertividad es la capacidad para defender los derechos propios sin atropellar los de los demás. Por lo general, la gente no es asertiva porque no conoce sus derechos o no tiene destrezas para serlo. Es frecuente observar que las personas, en especial las mujeres, pierden de vista sus propios intereses. En la vida de pareja, pocas veces se observa que la mujer defienda su derecho a ser feliz, a tener gustos e intereses propios, al descanso y cuidado adecuado, a tomar decisiones propias y a disfrutar del sexo, entre muchos otros. Es necesario entender que no debe existir diferencia en los derechos de cada miembro de la pareja. Si la otra persona puede abogar por su felicidad, tú también puedes.

Muchas veces las personas no defienden sus derechos porque creen que surgirán mayores problemas. Piensan que esa acción podría motivar una discusión o una pelea, por lo que prefieren permanecer calladas. Es cierto que existen situaciones en las que es más estratégico callar en el momento, pero son pocas. Lo estratégico en esas situaciones es precisamente callar en el momento, no para siempre. Muchas personas cometen el error de callar un asunto esperando que surja un momento más propicio, pero después no le dan importancia, prefieren no traer nuevamente el asunto a consideración. Van callando sus molestias hasta que un día no pueden soportar más y "explotan". Son precisamente esas explosiones las que dan pie a discusiones violentas. Si el problema se hubiera hablado a tiempo, no sería tan grave la situación. Veamos este ejemplo.

Gloria y su esposo Pedro acuerdan encontrarse a las 7 de la noche para ir al cine. Ella, que llega puntual a la cita, comienza a inquietarse y a preocuparse porque su esposo no aparece. Él llega 30 minutos tarde y solo se disculpa con un "lo siento". Gloria decide no pedir explicaciones sobre el retraso para no estropear la noche.

Posteriormente, surgen otros incidentes en los que Pedro llega tarde sin ofrecer explicaciones. Gloria sigue sin hacer comentarios, pero cada vez se siente más resentida y no logra disfrutar de las actividades que realizan juntos. Después de unos meses, anticipa con irritación la tardanza de Pedro hasta que una noche en que llega tarde otra vez, Gloria le dice casi gritando: "¿Dónde estabas? ¿Por qué llegas tarde otra vez?" Pedro, que no comprende

la hostilidad de Gloria, le grita, "¿Qué te sucede hoy?" Entonces
surge una discusión acalorada en la que Gloria le reprocha todas
las ocasiones anteriores en que llegó tarde. Pedro, sorprendido y
abrumado, se defiende insistiendo en que no es para tanto.

Aunque Gloria optó por el silencio para evitar conflictos,
la realidad es que la situación se deterioró. Es crucial
comprender que, si los problemas no se discuten a tiempo,
las circunstancias tienden a empeorar porque la persona que
comete el error no se da cuenta de la gravedad ni del impacto
de su acción en el otro.

Hay personas que ni siquiera se dan cuenta de que han
cometido un error y lo siguen repitiendo "inocentemente".
Aunque la otra persona permanece en silencio con la esperanza
de que podrá olvidar el asunto, en realidad solo necesitará que
la situación se repita para recordar el primer incidente.

Hay personas que al momento de la explosión traen a relucir
incidentes que surgieron hace más de 10 años. El culpable, claro
está, no se enteró en aquel momento y por más que lo intenta,
no se logra acordar ahora. Mientras, la persona que se mantiene

en silencio va acumulando ira y resentimiento hasta llegar a un punto de total intolerancia. Cuando finalmente habla del asunto, su molestia no le permite razonar. En lugar de crear un ambiente propicio para corregir errores, surge un clima de guerra lleno de acusaciones y defensas.

Es necesario hablar cuando surgen los problemas o malentendidos. No dejes pasar el momento, arriésgate a expresar tus sentimientos y preocupaciones. Si no sabes cómo manifestar tu inquietud sin ofender ni atropellar los derechos de tu pareja, toma en consideración las sugerencias expuestas en los siguientes párrafos.

Cuando desees hablar sobre un comportamiento que te molesta, utiliza la siguiente estructura: "Cuando tú... yo me siento... y pienso... Me gustaría que habláramos sobre este tema para tratar de encontrar juntos una solución". Lo importante de esta estructura es ser muy específica, es preferible decir: "Cuando llegas tarde, me siento ansiosa porque pienso que algo te ha sucedido", que decir: "Eres un desconsiderado. Llegas tarde porque no me amas". El último ejemplo no solo contiene expresiones generales, sino que intenta interpretar la motivación detrás del comportamiento.

No intentes adivinar por qué la otra persona actúa de la manera que lo hace. Deja que sea la propia persona quien explique su comportamiento. Si cuestionas los motivos, la otra persona invertirá mucho tiempo tratando de convencerte, por ejemplo, de que sí te ama. Cuando finalmente estés convencida de su amor, será tarde en la noche y no habrán conversado sobre las maneras de corregir el error.

Evita usar palabras extremistas como siempre, nunca, jamás, todo o nada porque basta un ejemplo contrario para que tu argumento se desmorone. Si le dices: "Siempre llegas tarde", él podría responder: "Eso no es cierto, porque ayer llegué a la hora acordada". Es más efectivo decir "el lunes, el miércoles y hoy has llegado tarde".

Si temes que tu pareja malinterprete tus palabras, haz una pequeña introducción antes de iniciar la discusión del asunto. Podrías decirle: "Deseo hablar sobre algo importante contigo y no quiero que malinterpretes mis motivos. Quiero hablar sobre este asunto porque te amo y quiero que nos entendamos". También podrías expresar: "Quiero compartir algo contigo, pero tengo miedo de que te ofendas. Quisiera que supieras que mi verdadera intención al hablar sobre este asunto es que podamos entendernos mejor".

Es esencial que evites el uso de palabras ofensivas e insultantes que a menudo surgen como defensa o intento de provocar cierta reacción. Estas frases, sin duda, dañan el diálogo. Si es la otra persona quien las utiliza, es preferible establecer límites. Podrías decir, por ejemplo: "Estoy dispuesta a continuar la conversación, pero solo si evitas ese tipo de insultos". Si, a pesar de todo, la persona sigue utilizando frases insultantes, retírate de la escena de la discusión o mantente en silencio. Es importante entender que los insultos y frases hirientes promueven la agresión verbal.

Haz un esfuerzo por usar otro tipo de palabras para expresar tu molestia. En lugar de herir, defiéndete con argumentos válidos. Si no los tienes en el momento de la conversación,

solicita finalizar la discusión y retomarla en otra ocasión.
Podrías decir: "Lo que me dices no me parece justo y me
provoca mucho enojo. No sé qué responder ahora y antes de
dejarme llevar por lo que siento en este momento, prefiero que
tomemos un descanso hasta el próximo sábado.

***Evita el uso de violencia y agresión física contra
tu pareja***. Generalmente, la agresión surge en respuesta
a una provocación. Para muchas personas, el sentimiento
de impotencia ante una injusticia es el mayor provocador.
La persona que recurre a la agresión ha experimentado la
frustración de todos sus intentos de defensa, hasta el punto de
recurrir a la violencia física. Su agresión es un intento más de
defenderse o imponerse.

Aunque en el momento no se te ocurran, siempre hay
alternativas a la agresión. Si realmente sientes que es la única
opción, debes posponer la discusión. Pero si sientes que la
agresión se ha convertido en un patrón en la relación, entonces
debes buscar ayuda profesional. No asumas que la violencia
física siempre será parte de tu relación de pareja. Si la aceptas

como algo normal, llegará un momento en que será mucho más difícil erradicarla. Es preferible buscar ayuda desde el primer incidente de violencia antes de que se convierta en una situación que ponga en peligro tanto la vida del agresor como la del agredido.

No amenaces

Las amenazas y promesas carecen de valor si no se cumplen, ya que desacreditan a la persona que las hace. Una de las amenazas más comunes en una relación es "voy a dejarte, me voy de la casa", "quiero separarme, quiero el divorcio". No amenaces con una separación si en realidad aún no estás decidida a hacerlo. Si amenazas en medio de una discusión o enojo, hay una alta probabilidad de que no cumplas la amenaza. Si no estás segura, es mejor expresar: "Estoy tan enojada, me siento tan decepcionada y herida que en este momento solo pienso en separarme de ti". De esta manera, comunicas tus pensamientos, pero no amenazas con llevar a cabo la acción.

Una estrategia efectiva es acordar desde el inicio de la relación que cuando una de las dos personas amenace con separarse, deberá esperar un periodo de tiempo específico antes de cumplir su amenaza. Esta estrategia permite a la pareja tener un periodo de tiempo para reconsiderar la idea de la separación y, en cierto sentido, la compromete a tratar de utilizar otros medios para resolver la situación problemática antes de optar por esa alternativa final.

Es crucial que no hagas amenazas que luego no puedas o no vayas a cumplir. Aunque es una estrategia que se utiliza con frecuencia, no es efectivo decir, por ejemplo, "La próxima vez que llegues tarde te dejaré en la calle", porque muchas de esas "próximas veces" se posponen para una próxima vez y luego para otra próxima vez. Quien recibe ese tipo de amenaza llega a pensar que su cumplimiento es como el mañana que nunca llega. De la misma manera, es importante que tampoco hagas promesas que no puedas o no vayas a cumplir. Aunque muchas veces se quiere actuar de manera ideal, es preferible que no prometas lo que no puedes cumplir. "Te prometo que no volveré a sentir celos", por ejemplo, es una promesa que te sacará de apuros en un momento dado, pero luego te traerá muchos problemas.

Es mucho más efectivo decir "Me gustaría poder prometerte que no volveré a sentir celos, pero la realidad y para ser honesta, solo puedo comprometerme a no hacerte una escena de celos en público". Es mejor poder dar más de lo ofrecido que no cumplir con lo prometido. Las promesas incumplidas restan credibilidad y cuestionan la integridad de la persona que las hace. Para la pareja, en particular, representa un ataque directo a la confianza que sus miembros puedan tener entre sí.

El arte de escuchar

En la vida diaria, a menudo surgen situaciones que tu pareja desea aclarar, negociar, o simplemente discutir y desahogarse. Prestar atención en estos momentos y escuchar atentamente es crucial. Para las mujeres, es común escuchar mientras realizan otras tareas. Muchas mujeres pueden estar escuchándote en un restaurante y al mismo tiempo entender lo que se está hablando en la mesa de al lado. Lo hacen sin confundirse y sin perder el hilo de la conversación. Sin embargo, los hombres tienden a tener dificultades para concentrarse en la conversación. Por lo tanto, cuando escuchan mientras realizan otra tarea o ven televisión, no reaccionan de manera que la otra persona confíe en que están prestando atención.

Es importante que demuestres que realmente estás escuchando. Por ejemplo, gira la cabeza para mirar a tu pareja. Es muy efectivo mirar directamente a los ojos de tu pareja. Si estás haciendo algo, detente, apaga el televisor, suelta el teléfono móvil. Si no puedes en ese momento, puedes decirle: "Quiero escucharte con toda mi atención, pero necesito unos minutos para terminar lo que estoy haciendo".

Cuando estés atento a lo que tu pareja está diciendo, puedes hacer expresiones muy simples y cortas para reafirmarle que sigues atento. Por ejemplo, puedes repetir alguna frase que has escuchado, "Llegaste tarde por el tráfico pesado". "Y te lo encontraste de frente..." Puedes usar palabras o frases como: "entiendo, ah, hmm".

Escuchar las palabras que tu pareja pronuncia es crucial en la comunicación, pero es igualmente importante observar los gestos y reacciones físicas de tu pareja. Estas reacciones físicas constituyen más del 60% del mensaje que el cerebro recibe como comunicación. Esta es la parte no verbal de la comunicación. Las posturas, los brazos cruzados, el ceño fruncido, los ojos entrecerrados, los labios apretados, el bostezo son elementos que pueden confirmar o invalidar las palabras que se dicen o se escuchan. Por ejemplo, los brazos cruzados acompañados de un "Te estoy escuchando", tienden a indicar que estás escuchando, pero a la defensiva. Del mismo modo, si la conversación gira en torno a un tema difícil o que podría resultar incómodo, podrían comenzar acercándose y tomándose de la mano. La proximidad y el acto de tomarse de la mano envían un mensaje de afecto y compromiso que puede aliviar la tensión que las palabras pueden generar.

Si sospechas que tu pareja no ha prestado atención a lo que has dicho, puedes pedirle que te repita o que te explique su comprensión. A veces, los malentendidos pueden surgir debido a distracciones o interpretaciones erróneas. Nuestras experiencias previas en otras relaciones pueden llevarnos a concluir y reaccionar sin haber escuchado realmente. En el cerebro, a veces se activa un recuerdo que nos hace anticipar lo que la otra persona va a decir, y ya no escuchamos, sino que reaccionamos. Solicitar que te explique, en sus propias palabras, lo que acabas de decir es una estrategia muy efectiva para verificar si has comunicado el mensaje de manera clara y completa. Pide con humildad que te aclare lo que has dicho. "Amor, no estoy seguro de si me he explicado bien. ¿Qué has entendido tú?" Si no te ha escuchado o entendido, no te frustres ni te enfades. Hay un juego entre pareja que ayuda a verificar sí te entendió o te escuchó.

Él: Amor, recuérdame que tengo que ir al Banco mañana.

Ella: le contesta de inmediato: Amor, recuerda que tienes que ir al Banco mañana.

A veces, creemos que lo que hemos expresado es sencillo o fácil de comprender. En nuestra mente, todo es coherente y claro. No obstante, si tienes una idea muy clara en tu mente, podrías omitir detalles importantes para que tu pareja comprenda. Por ejemplo, podrías decir: "¿Podrías traerme mis zapatos favoritos, por favor?" o "Por favor, tráeme mis zapatos favoritos". Aunque para ti es evidente cuáles son tus favoritos, ella podría traer otros. Podrías responder: "No, esos no son, quiero los negros sin cordones, que son mis favoritos para estar en casa". Cuanto más detallada seas, menor será el margen para la confusión o el error. Antes de pensar "No me comprende" o

"No me escucha", pregúntate si te has expresado con claridad o si has sido demasiado concisa.

Intenta evitar el uso de frases y palabras ambiguas, como "Tráeme eso, aquello; búscate aquello; está ahí; está allá en el cuarto". Estas frases pueden generar confusión. ¿Dónde exactamente en el cuarto está lo que buscas? Cuanto más específica seas, menos errores habrá. Si estás relatando una conversación, a menudo omitimos identificar quién dice qué porque lo tenemos claro en nuestro recuerdo de la escena o de la conversación. Tu pareja no escuchó o no estuvo presente, por lo que puede equivocarse al imaginar lo que le estás contando. Para muchas personas, especialmente aquellas con altos niveles de testosterona, los detalles no ayudan a entender mejor, sino que pueden resultar irritantes, provocando que reaccionen a la irritación y no a lo que se les está narrando.

Tu pareja es tu compañera en la vida, estando contigo en momentos buenos, alegres, difíciles y dolorosos. La confianza en la pareja es de suma importancia, y creer en ella es un requisito esencial. La relación de pareja es como tu hogar: es tu refugio y tu pareja es tu aliada. Si aparecen las mentiras, esa confianza se debilita. Puede haber confianza en algunos aspectos, pero no en otros. Este es un proceso que despierta el miedo y la necesidad de protegerse. Proteger lo que digo y cuestionar lo que escucho con frecuencia no construye amor.

Si mentimos acerca del dinero gastado, las deudas, los pagos atrasados o los problemas con otras personas, es muy probable que la verdad salga a la luz. Las consecuencias que intentamos evitar al mentir se manifestarán, pero con un elemento adicional: "Cometiste un error y, además, me mentiste". Cuando se presenta la infidelidad, por ejemplo, si la niegas a pesar de la evidencia, el golpe a la confianza es tan grande que no se supera y la relación queda profundamente herida. Las consecuencias de decir una verdad dolorosa son menos catastróficas que las que surgen cuando la verdad se descubre por sí misma. Ya no es un error de juicio o inmadurez la causa de la infidelidad. Al añadirle la mentira, se convierte en una traición que provoca un distanciamiento emocional, intelectual y físico. Es un golpe muy grande al amor que se haya construido y muy difícil de sanar.

No existen las mentiras piadosas. Hay situaciones en las que no es necesario decir todo lo que se piensa y hace. Si te pregunta, "¿Cómo me veo?", puedes ser sensible sin mentir. "Amor, otras veces te has visto mejor". Si te invita a algo que te desagrada, puedes responder: "Me gustaría acompañarte, pero prefiero no ir, no lo disfruto como tú", es más efectivo que decir: "No puedo porque tengo mucho trabajo que atender". er".

Existen individuos que a veces mienten de manera automática, ya que desde su infancia las falsedades eran frecuentes o eran su forma de protegerse. Pueden ser mentiras destinadas a evitar revelar sus verdaderos sentimientos, debilidades, errores y defectos. Existen mentiras que son casi verdades, pequeñas falsedades que minimizan o exageran. "Estuve hablando 10 minutos", cuando en realidad fueron 40 minutos. "Estoy en camino", cuando aún está en el trabajo. "No tengo dinero, no puedo, tengo muchas amigas". "A mí nunca me pasa eso", y así sucesivamente. Para la pareja en la etapa inicial, en la que hay mucha emoción, pero poco conocimiento de la otra persona, las mentiras piadosas no se consideran importantes. Sin embargo, al compartir más y observar a la pareja interactuar con otras personas, se empieza a identificar las situaciones y momentos en los que lo que dice no es cierto.

En las relaciones de pareja, más que en otras relaciones, las mentiras se utilizan como mecanismo de defensa. En raras ocasiones, una persona es deshonesta con la intención premeditada de dañar a su pareja. La mayoría de las personas lo hacen para evitar revelar algo que, en su opinión, las pone en peligro o las hace vulnerables a ser mal juzgadas. Temen que, al revelar la verdad, ya no sean queridas de la misma manera. Muchas personas recurren a la mentira por miedo a perder el cariño, aprecio y respeto de su pareja. Su deshonestidad es un acto de debilidad y miedo.

Cuando las mentiras surgen en una relación de pareja, en realidad se empieza a desencadenar una serie de complicaciones ajenas al problema original. Si la persona oculta la cantidad de dinero que gastó, por ejemplo, ahora tiene dos problemas: haber gastado el dinero y haber mentido. Si se le confronta con la verdad y la niega, ya tiene tres problemas: haber gastado el dinero, haber sido deshonesta y haberlo negado. Si la negación de la mentira no es suficiente para que le crean, es posible que la persona intente otro cuento más convincente, en cuyo caso tendrá cuatro problemas. Y así sucesivamente.

La persona que sospecha que le están engañando también enfrenta un dilema. Ignorar la falsedad o confrontar a la persona con su deshonestidad. Si decide ignorarla, se arriesga a que las falsedades continúen, y su tolerancia disminuirá mientras que la deshonestidad se hará más frecuente, creando un ambiente de desconfianza y resentimiento muy perjudicial para la relación. Solo vale la pena callar ante una mentira pasajera, trivial y aislada.

Si decides confrontarla, puedes sentirte incómoda sin saber si realmente te han mentido, y podrías temer equivocarte ofenderla con tu confrontación. También podrías temer que continúen las falsedades. Por lo tanto, es importante confrontar a la persona sin mostrar enfado y no declararla culpable sin antes darle la oportunidad de defenderse. También es crucial hacerle saber cuáles serían las consecuencias de admitir su culpabilidad. Podrías decirle, por ejemplo, "Margarita, no es mi intención ofenderte ni acusarte injustamente, pero sospecho que me has mentido sobre este asunto. Prefiero que me digas la verdad, aunque me duela o me enoje. Si admites tu culpabilidad, es posible que mi reacción sea... pero si me has mentido y lo niegas, mi reacción podría ser...". Por otro lado, es importante entender que si amenazas con un castigo o confrontas a la persona que miente de manera acalorada, podrías provocar la negación de la mentira o la creación de otro cuento que logre convencerte.

Si te interesa conocer la verdad, no provoques miedo o enfado en tu pareja. Sé firme, pero no agresiva. Si tu pareja niega la mentira, es posible que no te haya mentido. Y si te mintió, ya sabe que te diste cuenta de su falta. Aunque haya logrado convencerte de lo contrario, ya sabe que sospechas que está siendo deshonesta. Ten la seguridad de que la próxima vez lo pensará dos veces antes de mentir de nuevo.

Si las mentiras continúan, confronta a la persona con el patrón de sucesos que ha provocado tus sospechas. Si no eres una persona incrédula o desconfiada por naturaleza, deben

existir serios problemas de comunicación en tu relación para

que ahora lo seas. Si este es tu caso, debes buscar ayuda

profesional.

Los Secretos

Cuando dos individuos se unen en una relación de pareja, traen consigo un bagaje de experiencias pasadas no compartidas. Muchas de estas vivencias han sido significativas para su desarrollo personal, algunas traumáticas y otras positivas. Algunas de estas experiencias se archivan como secretos, los cuales solo se comparten con personas especiales, y en ocasiones, con nadie.

A medida que la pareja va fortaleciendo su confianza mutua, comenzarán a compartir estos secretos. Cada vez que uno de ellos revele un secreto, estará poniendo a prueba a su pareja. Ambos estarán atentos a cómo el otro recibe el secreto, ya sea con miedo, enfado, ansiedad o burla. También estarán pendientes de si el otro respeta el secreto o lo divulga sin solicitar permiso. Es crucial entender que estos factores determinarán la disposición de cada miembro de la pareja para seguir compartiendo sus secretos.

Compartir información personal confidencial puede ayudarte a reducir la enorme cantidad de energía que se utiliza para mantener un secreto. Eso es una liberación muy importante. Además, tu pareja podrá comprenderte mejor a medida que tenga más conocimiento de tus experiencias significativas, tanto presentes como pasadas. Revelar este tipo de información también te permitirá rectificar aquellos conceptos e ideas erróneas que se archivaron junto con cada secreto.

Existen secretos que impactan directamente en la vida de pareja. Las personas que han experimentado incesto, violación o maltrato, por ejemplo, suelen guardar en secreto experiencias traumáticas que pueden afectar su vida emocional y sexual. Si este tipo de secretos no se comparten con la pareja, es muy probable que los conflictos que surjan relacionados con el trauma se aborden de manera incorrecta, ya que uno de los miembros desconocerá las raíces del problema. Veamos un ejemplo.

María, quien fue víctima de abuso sexual durante su infancia, nunca compartió su secreto con nadie ni buscó ayuda. Actualmente vive con su pareja, con quien tiene serias dificultades sexuales. Cuando se presenta un momento de intimidad sexual, María revive los momentos de su infancia y vuelve a sentir que está siendo abusada sexualmente.

Siempre encuentra una excusa para evitar la intimidad con su pareja, quien no comprende la situación y piensa que María ya no lo ama.

Es crucial establecer la confianza necesaria para compartir los secretos que afectan la vida en común de dos personas. Si tu pareja te revela algún trauma del pasado, debes ser comprensivo y respetuoso. Simplemente escúchala. Si el trauma es muy significativo, pueden buscar ayuda profesional. Si eres tú quien tiene un secreto que afecta a la relación, es importante que lo compartas con tu pareja o con un profesional de ayuda. Si tu pareja no ha podido manejar adecuadamente otros secretos que le has compartido, intenta resolver ese problema en tu relación. Mientras tanto, puedes buscar ayuda profesional para ti. Recuerda que los secretos crean una distancia entre los miembros de la pareja. Si tus amigos conocen más de ti que tu pareja, has propiciado un distanciamiento emocional entre ambos.

Establece el objetivo de mantener un equilibrio de manera que tu pareja conozca mejor que nadie cómo te sientes en la relación. Antes de hablar sobre tu relación con un amigo o familiar, pregúntate si ya lo has compartido con tu pareja.

Cuando es mejor guardar silencio

Aunque la honestidad y la sinceridad son fundamentales para fomentar la confianza y la intimidad en una relación de pareja, existen temas sobre los cuales no siempre es conveniente hablar. Los errores de indiscreción en una relación de pareja pueden ser graves, por lo que es crucial aprender a discernir cuándo es el momento adecuado para hablar y qué se puede decir.

El momento adecuado dependerá en gran medida de la reacción de tu pareja. Antes de hablar, debes considerar su nive_ de tolerancia a cierto tipo de información. Hay temas muy delicados que conllevan una gran carga emocional y pueden causar un gran impacto. Un ejemplo podría ser el de una persona que insiste en que su pareja le diga cuándo comenzó a amarla en lugar de simplemente quererla, pero la otra persona se niega a responder porque sabe que la decepcionará. Después de múltiples solicitudes, la pareja finalmente revela que solo ha estado enamorada durante dos meses. Como se esperaba, la otra persona se molesta enormemente y tarda varios meses en superar la decepción. Es importante recordar que, aunque la información sea verdadera y la persona insista, a veces es imprudente hablar.

Evalúa si tu pareja se altera, se angustia o se enfurece ante cierto tipo de información. Pregúntate: ¿Puede manejar la información de manera objetiva o pierde el control? Es necesario entender que la capacidad de una persona para manejar cierto tipo de información varía según sus experiencias pasadas y circunstancias particulares. Una persona que se alteraba hace 10 años con cierto tipo de información, posiblemente ahora no se vea afectada. Intenta conocer los límites de tolerancia de tu pareja. Si comienzas a hablar y observas que tu pareja se inquieta o se afecta, detén la conversación y pregúntale cómo se siente. Si niega que se siente alterada, pero se nota que sí lo está, no continúes hablando sobre el tema. Es mejor explicarle por qué prefieres no seguir hablando del asunto que desencadenar una situación a la que tu pareja no pueda hacer frente.

Ser discreta o prudente en ciertos temas no significa que seas deshonesta o mentirosa. Siempre tienes la opción de explorar otras formas de comunicar la misma información o esperar un momento más adecuado. Existen ciertos temas que suelen ser más delicados y sensibles que otros, como las críticas negativas sobre familiares o amigos cercanos, trabajo, gustos personales o hijos procreados en otras relaciones. En estos casos, las críticas suelen hacer que las personas se pongan a la defensiva y se enfaden. Aunque todo el mundo entienda que tu suegra es una persona mentirosa, por ejemplo, ¿le dolerá a tu pareja escuchar el comentario de tu parte?

Asimismo, la información sobre relaciones pasadas suele

provocar reacciones de celos, incluso en las personas más liberales y comprensivas. Las personas muy celosas no toleran ni la mención del nombre de una expareja. Sin embargo, suelen ser muy curiosas e insisten en que les cuentes detalles íntimos de esas relaciones. Si tu pareja es muy celosa, no le hables sobre tus exparejas, por más que insista. Es posible que, además de sentir celos, tu pareja utilice esa información como punto de partida para indagar más sobre tus relaciones pasadas. Ten la seguridad de que en momentos en que tu pareja se siente insegura o está en medio de una discusión acalorada, sacará a relucir esa información.

Si, por el contrario, tu pareja es muy comprensiva y no es celosa, puedes hablarle de tus relaciones anteriores, pero con discreción. No es necesario entrar en detalles sobre la intimidad sexual con esas personas. Ten cuidado de que la curiosidad de tu pareja y tu deseo de compartir experiencias pasadas agradables no te lleven a hablar del tema sin medir tus palabras. Los detalles o experiencias que aluden directamente a una intimidad placentera y satisfactoria casi invariablemente provocan celos y malestar. Por lo tanto, debes ser muy discreta y considerada.

Es crucial entender que la franqueza cruda es innecesaria y perjudicial para la relación. Las personas que tienden a ofender en nombre de la honestidad y la franqueza generalmente están respondiendo a sus propias necesidades sin considerar a los demás. No solo existen diferentes formas de expresar lo mismo, sino que hay muchos temas que no se deben mencionar. Expresiones como "A mi pareja le digo las cosas tal y como son, sin rodeos ni adornos" o "Le digo las cosas como las siento: es su problema si no le gusta", son comúnmente utilizadas para describir una necesidad al servicio único de la persona que la verbaliza. En una relación de pareja, este tipo de franqueza es inapropiada.

La comunicación y la disposición para escuchar son tan importantes en la pareja que la rudeza y el atropello no deben tener lugar en la relación. No lo toleres ni lo hagas.

Siempre existe una forma considerada de decir las cosas. Si las desconoces, pregunta y busca orientación con alguien que te pueda dar alternativas. La frase "Esa ropa te queda tan fea", por ejemplo, se puede traducir a "Esa ropa desluce tus buenas cualidades, pero esa otra resalta mucho más tu atractivo". Asimismo, la frase "¿Para qué me regalas la bata de baño? ¿Sabes que a mí no me gustan?" se puede traducir a "¡Qué bueno que pensaste en mí y me has traído un regalo! Gracias. Aunque a mí no me gustan las batas de baño, me gusta mucho que me hayas regalado".

Los sobrenombres y los adjetivos negativos tampoco se deben utilizar en el diálogo con la pareja, porque tienden a pasar juicio tomando en consideración un solo aspecto de la persona. Es necesario entender que estos adjetivos negativos constituyen una ofensa, porque se refieren a situaciones aisladas que no definen la totalidad de una persona. Entre los más utilizados, figuran "malcriado", "desordenado", "tacaño", "irresponsable", "bruta", "torpe" y "grosera", los cuales tienden a usarse con personas que han cometido actos de irresponsabilidad o torpeza. Sin embargo, sería menos ofensivo decir "Con frecuencia no cumples con tus responsabilidades", "Es común que cometes errores al hablar" o "Muchas veces dejas cosas fuera de lugar". Si tu propósito es crear conciencia en la persona sobre su conducta, busca una manera de hacerlo sin ofender.

La pareja también debe ser prudente al compartir con otras personas. Los temas íntimos y delicados no deben discutirse en público, a menos que sean personas de absoluta confianza para ambos miembros de la pareja. Cada individuo tiene su propio nivel de tolerancia, por lo que debes respetar su necesidad de privacidad. No insistas en hablar de asuntos íntimos que a ti no te causan incomodidad si a tu pareja le generan malestar. También debes respetar la distancia que tu pareja desee mantener con amigos, compañeros de trabajo y familiares. Si revelas información que a tu pareja le causa vergüenza, la has traicionado. Pero si ambos se sienten cómodos compartiendo la información, entonces no deben establecerse límites arbitrarios, ya que la experiencia puede resultar enriquecedora.

Existen temas que deben discutirse, aunque sean muy incómodos o personales, especialmente si afectan la relación. Por ejemplo, si tu pareja tiene mal aliento y eso te molesta al besarla o estar cerca de ella. No quieres que tu pareja se sienta mal, pero estar cerca te resulta incómodo. Puedes utilizar una frase como: "Amor, me gustaría besarte, pero tienes mal aliento. ¿Podrías hacer algo al respecto?" Otra opción sencilla es: "Quiero decirte algo que para mí es incómodo, porque no quiero que te sientas mal. Tienes mal aliento. Tienes un fuerte olor a sudor. Tus pies huelen mal."

El silencio como castigo

Ya hemos hablado sobre el silencio que surge por lo difícil que pudiera ser para la persona manejar las emociones que le provoca la conversación. El silencio como una manera de castigar a la pareja es otra cosa. El silencio es una de las tácticas más antiguas y comunes en la comunicación de pareja. Es común ver a personas que usan el silencio como castigo o manifestación de descontento ante una situación específica. Lo que el silencio intenta expresar de manera cruda es: "Me has enfurecido tanto que te retiro el privilegio de hablar conmigo". ¿Cuántos de nosotros no hemos tenido el incómodo rol de mensajero entre padres enfadados? Desde que somos niños, aprendemos que el silencio se puede usar como castigo. Por ejemplo:

Madre: Cariño, ve y dile a tu padre que la comida está lista.

Hija: ¿Por qué no se lo dices tú, mamá?

Madre: Porque no le hablo a tu padre desde que llegó a las 2:00 de la madrugada de ayer.

Hija: Papá, mamá dice que la comida está lista.

Papá: Dile a tu mamá que no quiero comer ahora.

Hija: Mamá, papá dice que no quiere comer ahora.

En las relaciones de pareja, es común observar que el silencio surge en medio de una discusión o como resultado de alguna ofensa. El silencio, seguido de la retirada de la discusión, presagia el comienzo de un periodo de castigo. Aunque en algunos casos se anuncia el castigo: "Como me has ofendido, no te voy a hablar más". Generalmente, las personas no le comunican a su pareja cuándo comienza el castigo ni cuándo terminará.

Por lo general, la persona se entera del castigo cuando

intenta hablar y no recibe respuesta. De igual forma, se entera de que el castigo ha terminado cuando escucha que le dirigen la palabra. Usualmente, el castigo se levanta poco a poco. Una tarde cualquiera, le dicen hola y luego van respondiendo con frases cortas a las preguntas o comentarios de la persona castigada. Sin embargo, la situación se complica cuando la persona castigada se molesta y decide actuar de la misma manera con su pareja. "Ella cree que le voy a hablar cuando decida hablarme de nuevo, pero está muy equivocada. No le hablaré, voy a tratarla de la misma forma que me ha tratado".

Muchas parejas se reconcilian, pero no retoman la conversación sobre el castigo o la falta cometida. Prefieren continuar dialogando como si nada hubiera sucedido, lo que disminuye la efectividad del castigo. Esta actitud también genera un profundo resentimiento y provoca un distanciamiento en la pareja. Por ejemplo: a veces, la persona castigada aprovecha el silencio de su pareja para tomar decisiones sin consultar. "Iba a preguntarte, pero como no me hablabas, tomé la decisión por mi cuenta".

Como puedes ver, es mejor no usar el silencio como castigo, ya que te causará más problemas y rara vez lograrás el cambio que deseas en tu pareja. Aunque estés muy enfadado, mantén un diálogo mínimo hasta que se te pase el malestar. Es mucho más fácil hablar un poco que empezar a hablar después de un silencio prolongado. Hay personas que, después de pasar una semana sin hablarle a su pareja, siguen en silencio porque no saben cómo iniciar una conversación. Es mejor no llegar al silencio total.

Si tu pareja deja de hablarte, no tomes represalias ni compliques más la situación. En cambio, intenta mantener un diálogo breve todos los días, en momentos en que tu pareja esté relajada o distraída. Si has cometido una falta, como mentir, puedes intentar acercarte con una disculpa y sugerir una alternativa que no sea el silencio. Podrías decirle, por ejemplo: "Perdona por haberte mentido. Reconozco que actué mal y quiero remediar la situación. Tu silencio puede provocar más problemas, incluso cuando tus intenciones sean mejorar nuestra relación de pareja. ¿Por qué no intentamos otro remedio que no sea el silencio?".

Si eres tú quien castiga con el silencio y luego no sabes cómo iniciar una conversación, puedes intentar algún tipo de acercamiento físico. Puedes acercarte a tu pareja y abrazarla. Si no te atreves, acaríciala en el pelo o en la mano. Tu acercamiento cariñoso le comunicará que tu enfado se ha disipado. Después de ese acercamiento inicial, la frase "Te amo", si es sincera, es buena para retomar el diálogo. Es cierto que te estás arriesgando a que tu pareja te rechace, pero mantener el silencio conlleva mayores riesgos.

Mi pareja es muy reservada

Cuando uno de los individuos es muy reservado, se crea una situación complicada en la relación de pareja. Mientras uno habla "mucho", el otro simplemente responde con un "ajá", "sí", "lo que tú digas", "yo opino igual", "no sé qué decirte", o "tú lo has dicho todo". En estos casos, no hay un intercambio verbal y los intentos de conversación se convierten en un monólogo. Para el cerebro masculino, hablar para repetir lo que alguien ya ha dicho no tiene ningún sentido. Para las mujeres, si se les pregunta, responderán, incluso si es lo mismo que ya se ha mencionado. Ellas comprenden que se les está solicitando su opinión, no si tienen algo diferente o adicional para compartir.

Existen diversas razones por las que una persona puede no responder a un intento de iniciar una conversación. Por ejemplo, puede ser que sea introvertida y no esté acostumbrada a compartir sus opiniones o ideas. También puede ser que prefiera mantenerse en silencio como una estrategia de poder, es decir, para tener más control y comprometerse menos. Incluso es posible que haya optado por mantenerse en silencio debido a la repetición constante de tus palabras. Aunque las razones pueden ser variadas, lo cierto es que ese silencio representa un obstáculo.

Para intentar comunicarse con este tipo de personas, se suelen utilizar estrategias que rara vez funcionan. Una de las más comunes es describirle a la persona una situación y luego hacerle preguntas que se responden con un sí o un no. Es mejor utilizar preguntas abiertas, como: "¿Cómo estuvo el tráfico esta mañana?" o "Me gustaría que me dieras tu opinión sobre la actividad de ayer".

También se tiende a poner palabras en la boca de la persona

para ver si se anima y continúa hablando. "Me imagino que le dijiste que se va a morir". "¿Cuándo ella te preguntó, ¿qué le dijiste?" Otras personas hacen preguntas que requieren la narración de un evento. En todos estos casos, la otra persona no responde o simplemente emite una frase corta. Sus respuestas breves son una forma de decir: "no me preguntes" o "no quiero hablar".

Otra estrategia común, pero que no siempre funciona, es tratar de encontrar un momento propicio para el diálogo. La persona interesada en iniciar una conversación, por ejemplo, hace arreglos para el cuidado de los niños, desconecta el teléfono, retira los teléfonos móviles, apaga el televisor y se sienta ansiosa al lado de su pareja esperando escuchar su voz. Sin embargo, el silencio se intensifica a medida que pasa el tiempo. Cuando la persona expresa: "Creo que debemos aprovechar este tiempo para hablar", su pareja responde escuetamente: "Habla".

En todos estos casos, la persona que busca entablar una conversación se siente cada vez más frustrada, mientras que su pareja no comprende por qué se le presiona para hablar. Las estrategias mencionadas anteriormente suelen ser ineficaces con personas que son muy reservadas, o con aquellas que pueden conversar con amigos y familiares, pero no con sus parejas.

Es común que el silencio de una persona genere inquietudes en su pareja. "¿Estará ocultando algo o ya no le importa la relación?" Con el paso del tiempo, estas inquietudes se intensifican y el silencio se percibe como un problema grave, generando mucha tensión. Es entonces cuando comienzan a surgir comentarios indirectos, como, por ejemplo: "¿Hablas con todo el mundo menos conmigo?"

Aunque puede ser difícil, es preferible no presionar a la persona para que hable. Si a tu pareja no le gusta dialogar, intenta algo que parece contradictorio. No inicies conversaciones ni propicies momentos especiales para hablar. Al contrario, evita toda conversación. Cuando tu pareja finalmente inicie el diálogo, interrúmpela y levántate para realizar alguna otra tarea. Intenta que no sea él quien termine el diálogo para que no te sientas tan frustrada. Además, involúcrate en actividades que te distraigan y te ayuden a necesitar cada vez menos el diálogo con tu pareja.

Es necesario que también empieces a expresarle los beneficios del silencio y lo agradecida que estás de que no te cause preocupaciones. Sin embargo, debes hacerlo de manera sincera y no sarcástica. "Sé que no quieres que me preocupe y por eso no me cuentas lo que te pasa. Gracias por considerarme." Piensa que no tendrás que preocuparte por problemas que desconoces. También puedes expresarle cuánto lo admiras por su capacidad para resolver solo sus asuntos. Podrías decirle, por ejemplo, "Te admiro mucho porque puedes manejar tus problemas y resolverlos solo. Me siento bien cuando no me hablas porque sé que eso significa que has podido resolverlo todo." Es importante que no solo expreses despreocupación, sino que la vivas.

Si te mantienes firme en estas últimas estrategias, es posible que tu pareja comience a comunicarse más contigo. Mientras tú le hables, él no lo hará, porque tú lo habrás dicho todo. Pero si tú no dices nada, él tendrá que iniciar el diálogo, aunque sea para hablar sobre asuntos cotidianos. Cuando

menos lo esperes, puede surgir un cambio gradual en tu pareja.

Si en el futuro observas que tu pareja vuelve al viejo patrón

de incomunicación, utiliza nuevamente las estrategias aquí

mencionadas que te hayan dado buenos resultados.

La empatía

Cuando una pareja atraviesa momentos o situaciones difíciles, se espera que el otro miembro sea comprensivo. Se espera que entienda y sea empático, lo cual es una expectativa razonable, especialmente cuando se trata de tu pareja y se aman. Sin embargo, muchos no tienen muy claro lo que significa ser empático y, además, la capacidad de ser empático es una de las diferencias significativas entre el cerebro masculino y el femenino.

La empatía implica poder entender lo que la otra persona está viviendo. Comprender las circunstancias y el impacto, lo que significa para tu pareja. No implica que estén viviendo lo mismo. No es que estés viviendo, pensando o sintiendo igual que tu pareja. Eso es simpatía. "Yo sufro igual que tú". Cuando se es empático, se comprende la experiencia de la otra persona, aunque tú no la estés viviendo o no la experimentes como tu pareja.

En este aspecto, a los hombres les resulta mucho más difícil que a las mujeres. El cerebro masculino está configurado de tal manera que se concentra en identificar problemas, desafíos y resolverlos. El aspecto emocional de la experiencia puede ser registrado, pero no se enfoca en cómo lo "sufre" su pareja, sino que rápidamente busca resolver la situación que está causando el sufrimiento, por ejemplo. Cuando su pareja le pide que la acompañe a una cita médica o al hospital, ellos cuestionan la necesidad de su compañía porque no son médicos ni enfermeras. "¿Qué puedo resolver yo si no sé nada de tu enfermedad o tratamiento?".

Interesantemente, se ha encontrado que los niños varones cuyos padres comparten juegos que implican forcejeo físico, como tirarse al suelo y tratar de dominar físicamente al otro, tienden a ser más empáticos que los que se crían sin sus padres. También se ha encontrado que las parejas que están presentes en el parto de sus hijos tienden a ser más empáticos con su pareja y sus sacrificios en el papel de madre que aquellos que no lo presencian. Por otro lado, cuando los hombres envejecen y sus niveles de testosterona disminuyen, tienden a ser más empáticos. Toleran y entienden más las necesidades de su pareja. Por ejemplo, pueden escuchar de manera empática y pueden apreciar mejor las derrotas y los triunfos de sus nietos.

Las mujeres tienden a ser empáticas. Son empáticas hasta el punto de "sentir" la pena y el sufrimiento de sus hijos y, por pena, no corregirles ni establecerles límites. Para evitar que sufran, no les permiten asumir responsabilidades adecuadas para su edad. La tendencia a sobreproteger o resolver problemas típicamente se debe a que no toleran que sufran. Por otro lado, enfrentan el desafío de no ser demasiado complacientes. Por ejemplo, si su pareja expresa hambre, ella tiende a asumir la responsabilidad de preparar algo de comer para que él no sienta hambre. En lugar de permitir que su pareja asuma la responsabilidad que le corresponde, ella se sacrifica.

Cuando mi pareja solo habla para quejarse

Las quejas, el pesimismo y la negatividad también forman parte de la vida. Las circunstancias que provocan contratiempos o adversidades pueden llevar al aislamiento y a la sensación de que la vida no está siendo justa. Hay personas que parecen quejarse incluso mientras duermen. Excepto por breves periodos de felicidad, mantienen una actitud pesimista y negativa hacia la vida. Sin embargo, otras personas en las mismas circunstancias mantienen su optimismo incluso ante la adversidad más grande.

En muchas relaciones de pareja, surge una dinámica en la que una de las personas adopta una actitud pesimista mientras la otra se comporta de manera optimista. Una de las personas se queja de todo, mientras la otra intenta destacar el lado positivo de las situaciones. Esta dinámica puede surgir en la pareja como un evento aislado o como un patrón. Cuando la dinámica es temporal, los roles tienden a intercambiarse; la persona que a veces se queja, en otras ocasiones anima. Cuando es un patrón, los roles tienden a ser más fijos. Una de las personas se queja todo el tiempo, mientras la otra siempre intenta animar.

Por lo general, la persona que se queja tiene razones válidas para hacerlo y puede señalar preocupaciones que son reales. Sin embargo, no se debe perder de vista que en toda situación existen riesgos, dificultades, limitaciones e incomodidades, así como oportunidades para crecer, mejorar, superarse y disfrutar. La persona que se queja constantemente, así como la que siempre resalta lo positivo, tienen la capacidad de ver ambos lados de la moneda, pero prefieren apoyar casi exclusivamente uno de ellos. Cuanto más defiende una de las dos personas lo negativo, más defiende la otra lo positivo, llegando a veces a un punto muerto. Veamos un ejemplo.

Él: No quiero ir al cine de noche porque hay mucha criminalidad y podrían robarnos el coche.

Ella: ¿Y si vamos a un cine donde haya seguridad?

Él: Con la situación actual, no podemos confiar en esas personas porque a menudo son cómplices de los robos.

Ella: Entonces, podríamos ir en taxi.

Él: ¿Cómo vamos a encontrar un taxi a la hora que salgamos del cine?

La persona optimista suele mantener su papel de animadora con la esperanza de provocar un cambio en la actitud pesimista de su pareja. Mientras tanto, la persona que se queja resiente el positivismo de su pareja. Tiende a pensar que la persona positiva no considera sus opiniones e intenta manipularla para que haga algo que podría poner su vida en peligro. Cuando se queja y la otra persona le señala todas las cosas positivas que tiene para disfrutar, se molesta porque siente que nadie comprende su lamento. Si finalmente logra aceptar todo lo positivo que le rodea, tiende a deprimirse aún más. "Debo estar realmente mal porque, a pesar de tener un buen trabajo, una buena pareja y buenos amigos, me siento mal. ¿Qué me pasa que no puedo disfrutar de las cosas buenas como los demás?"

Por otro lado, la persona que intenta animar al pesimista a menudo llega al extremo de ignorar muchos aspectos de la realidad: "No te preocupes, no nos pasará nada, todo saldrá bien, no habrá contratiempos". Con el objetivo de convencer a su pareja, tiende a volverse irrealista. Y cuando surgen los contratiempos, intenta superarlos sin que su pareja se dé cuenta. Asume toda la responsabilidad porque fue ella quien convenció a su pareja pesimista de que no pasaría nada.

El papel del animador tiende a ser frustrante y agotador. Muchos optimistas llegan al punto de hacer cualquier cosa con tal de no escuchar las quejas de su pareja. Prefieren enfrentar solos ciertos riesgos, no compartir información importante o ignorar completamente a sus parejas. Cualquiera de estas tres alternativas tiene el efecto de comunicarle a la persona pesimista que ya no se le considera como pareja. El monólogo de la persona que se queja ante su pareja, quien está presente, pero no está escuchando, va marcando el distanciamiento y la separación entre ambas personas.

Si tu pareja se queja constantemente y tus intentos de cambiar esa situación han sido infructuosos, intenta una estrategia diferente. Cuando tu pareja quiera hablarte de lo mal que se siente, escúchala con mucha atención. Acepta sus quejas y trata de mostrarte más pesimista que ella. "No sé cómo puedes caminar con ese dolor, yo no podría. Es mejor que nos quedemos en la cama todo el día". Si eres sincera y no sarcástica, verás que tu pareja asumirá poco a poco una actitud menos negativa. Se irá moviendo hacia el extremo optimista porque ya alguien ocupa el rol pesimista. En la medida en que la pareja tome en consideración los lados negativo y positivo de las situaciones, más sabias serán sus decisiones y menos posibilidad habrá de que siempre sea la misma persona la que se queje o la que anime.

Cuando se quiere entender la conducta de la pareja

Muchas personas intentan comprender los hábitos indeseables, dificultades y deficiencias de su pareja, pero terminan siendo terapeutas frustrados. Cuando intentan descubrir las causas de un comportamiento no deseado, casi siempre lo asocian con traumas de la infancia de su pareja. Es común escuchar: "Pobre, su padre lo abandonó cuando era pequeño". O, "es que sus padres siempre le daban todo". Las experiencias pasadas suelen ser la causa más identificada al analizar un comportamiento. Según esta persona, su pareja actúa hoy de la manera que lo hace porque algo específico le sucedió en su infancia.

Es importante entender que las personas suelen ofrecer una versión particular de lo vivido. Por lo tanto, el análisis de cualquier pasado contiene las perspectivas de quien ofrece la información y de quien la escucha. Si una persona ve a su pareja como alguien que necesita ser rescatada, por ejemplo, tenderá a percibirla como una víctima de la situación. Cuando su pareja le cuenta que ha sido despedido de muchos trabajos, la persona probablemente piensa: "Él ha tenido tan mala suerte, lo han despedido de sus trabajos sin darle la oportunidad de demostrar sus habilidades". Sin embargo, no se cuestiona qué ha hecho su pareja para ser despedido tan rápidamente de los trabajos. La realidad es que no se puede determinar con certeza qué sucedió en el pasado. Incluso cuando se logra corroborar la información con otras personas.

Cuando una persona intenta comprender las razones detrás de la conducta particular de su pareja, corre el riesgo de malinterpretar las motivaciones de dicha conducta. Muchas personas creen conocer con certeza la causa de una conducta y confrontan a su pareja basándose en sus sospechas. Por ejemplo, hay personas que se enredan en un diálogo sin sentido, simplemente porque asumen que su pareja está enfadada.

Ella: Por favor, acompáñame a casa de mis padres.

Él: Hoy no quiero ir a ver a tus padres.

Ella: ¿Por qué? ¿Estás enfadado?

Él: No estoy enfadado.

Ella: Sí, lo estás, sé que estás enfadado.

Él: Ahora sí, estoy enfadado.

Ella: Ves, sabía que estabas enfadado conmigo.

Aunque muchas personas piensan lo contrario, entender una conducta no significa que debas aceptarla. Muchas personas toleran ciertas conductas en sus parejas porque creen entender sus causas. Como si conocer las razones de una actitud te obligara a exonerar a la persona de toda responsabilidad por su conducta. La gente tiende a exonerar de acuerdo con su propio nivel de comprensión. "No se le puede pedir más". ¿Sabes que ella tuvo un accidente que la traumatizó?" Cuanto más comprensiva sea la persona, más tolerante será.

Sin embargo, es importante entender que ser comprensivo no significa ser tolerante. Ser comprensivo implica entender y ser empático, ponerse en el lugar de la otra persona y ver las cosas desde la perspectiva de esa persona. Pero no implica que debas pensar que tu pareja no es responsable de sus actos. Ni tampoco significa que no deba esforzarse por cambiar su conducta. Es común observar que los diálogos que giran en torno a una conducta no deseada tienden a terminar cuando una de las personas logra entender por qué su pareja actúa de la manera que lo hace.

Veamos un ejemplo.

Ella: No me has hablado en toda la semana.

Él: Es que tengo mucho trabajo y llego muy cansado.

Ella: Todas las noches llegas tarde y te sientas a ver televisión.

Él: Es que estos días han sido muy difíciles para mí.

Ella: Ahora entiendo, no te preocupes, yo te entiendo.

En estas situaciones, la palabra entiendo marca el punto final de la conversación y el inicio de la exoneración de responsabilidad. Esta pareja, por ejemplo, no habló sobre cómo lograr el diálogo a pesar del cansancio. Ni de cómo guardar energías para que no llegue tan cansado a la casa. Definitivamente, esta pareja no explora alternativas para resolver su problema. Es importante entender que el beneficio de comprender las causas de la conducta de tu pareja es poder tomar en consideración su realidad al momento de buscar juntos soluciones a los problemas.

También es común observar personas que piensan que su pareja podrá cambiar la conducta tan pronto descubra las razones de su propia actitud. Sin embargo, no siempre se logra un cambio tras entender las causas de la conducta. Puede que una persona entienda que en sus momentos de ansiedad fuma cigarrillos para calmarse, lo que denota una tendencia, a crear dependencia, pero en realidad no pueda dejar de fumar. También puede entender que fumar es una forma de autodestruirse y que el exceso de humo le puede causar el cáncer a las personas que estén cerca de ella, pero se le hace imposible controlar su deseo de fumar. Si estás invirtiendo mucho esfuerzo en lograr entender una conducta, esperando observar un cambio, te sentirás muy frustrada.

En lugar de insistir en entender esa conducta indeseada de tu pareja, es más estratégico describírsela y buscarle juntos una solución. Si describes de forma específica la conducta que está siendo problemática, puedes ayudar más efectivamente a que tu pareja tome conciencia de sus actos. Si la persona se decide a intentar un cambio de esa conducta, coopera con ella y bríndale mucho apoyo. Le podrías decir, por ejemplo: "Yo sé que puedes lograr un cambio en tu conducta y voy a cooperar llevando a cabo la parte que me corresponde". Si tu cooperación implica que tú también debes efectuar un cambio, demuestra con tus actos cuánto amas a tu pareja.

Nota final

El diálogo en la pareja es esencial para mantener un alto nivel de confianza e intimidad en la relación. No obstante, alcanzarlo no es una tarea sencilla. El diálogo, al igual que el amor, no se sostiene de manera espontánea, demanda un gran esfuerzo y la disposición a arriesgarse a emplear estrategias que han sido efectivas para otras parejas. También requiere paciencia para mantenerse constante hasta que se empiecen a ver los resultados y se logren las metas.

El diálogo es, en gran medida, un arte. Cuando nos asombramos ante manifestaciones artísticas, solemos pensar que son el producto de un don especial y que la creatividad surge de manera espontánea. Los pintores, por ejemplo, no crean sus obras en una sola sesión, ni sus primeras obras son extraordinarias. El arte, de cualquier género, requiere estudio, práctica y perfeccionamiento de las habilidades que se adquieren con la exposición y la experiencia. No permitas que tus conversaciones directas con tu pareja se limiten a textos breves compartidos en el teléfono móvil o a comunicaciones a través de las redes sociales. Deben practicar el diálogo directo y presencial, un diálogo enriquecedor que integra las expresiones verbales y la comunicación no verbal que expresa mucho a través de las miradas y los gestos. Practíquenlo como se practica el sexo, bailar juntos, acoplados y en una manifestación de disfrute conyugal.

El amor se construye y se profundiza con las experiencias compartidas, "en las buenas y en las malas". Se nutre y se fortalece enormemente con el arte del diálogo y cómo la pareja logra la comprensión y efectividad como compañeros y cómplices en la vida.

A medida que el diálogo con tu pareja mejore, otros

aspectos de tu relación también mejorarán. La intimidad sexual es una de las áreas que más se beneficia de una buena comunicación. Si existe diálogo, podrás disfrutar más de la vida en pareja y resolver de manera más efectiva los problemas que surjan en la relación.